OS JESUÍTAS
HUMOR E ESPIRITUALIDADE

NIKOLAAS SINTOBIN

OS JESUÍTAS
HUMOR E ESPIRITUALIDADE

Tradução do original neerlandês:
† Johan Konings, SJ

Edições Loyola

Título original:
Jezuïeten grappen. Humor en spiritualiteit
Original, Dutch edition: © NV Uitgeverij | Erasme, 2013
Abdijstraat 1, 3271 Averbode, Belgium
www.averbodeinspireert.be
ISBN 978-90-317-3753-6

Dados Internacionais de Catalogação na Publicação (CIP)
(Câmara Brasileira do Livro, SP, Brasil)

Sintobin, Nikolaas
 Os jesuítas : humor e espiritualidade / Nikolaas Sintobin ; [ilustrações Joris Snaet] ; tradução do original neerlandês Johan Konings. -- São Paulo, SP : Edições Loyola, 2022.

 Título original: Jezuïeten grappen. Humor en spiritualiteit.
 ISBN 978-65-5504-185-9

 1. Espiritualidade 2. Inácio, de Loyola, Santo, 1491-1556 3. Jesuítas - Humor 4. Jesuítas - Vida espiritual I. Snaet, Joris. II. Título.

22-112774   CDD-271.53

Índices para catálogo sistemático:
1. Jesuítas : Humor e espiritualidade : Vida cristã   271.53
 Eliete Marques da Silva - Bibliotecária - CRB-8/9380

Preparação: Fernanda Guerriero Antunes
Capa e diagramação: Ronaldo Hideo Inoue
Ilustrações: Joris Snaet
Revisão técnica: Danilo Mondoni, SJ

Edições Loyola Jesuítas
Rua 1822 n° 341 – Ipiranga
04216-000 São Paulo, SP
T 55 11 3385 8500/8501, 2063 4275
editorial@loyola.com.br
vendas@loyola.com.br
www.loyola.com.br

Todos os direitos reservados. Nenhuma parte desta obra pode ser reproduzida ou transmitida por qualquer forma e/ou quaisquer meios (eletrônico ou mecânico, incluindo fotocópia e gravação) ou arquivada em qualquer sistema ou banco de dados sem permissão escrita da Editora.

ISBN 978-65-5504-185-9

© EDIÇÕES LOYOLA, São Paulo, Brasil, 2022

103095

SUMÁRIO

DEDICATÓRIA 7

PREFÁCIO 9

INTRODUÇÃO 11

I. ENCONTRAR DEUS EM TODAS AS COISAS 15

II. VIVER EM CAMPOS DE TENSÃO 19

III. OUSAR CONFIAR 23

IV. LIBERDADE NA OBEDIÊNCIA 27

V. O DISCERNIMENTO DOS ESPÍRITOS 31

VI. EXPERIMENTAR E DESCOBRIR PESSOALMENTE 35

VII. NO CAMINHO DA EXCELÊNCIA 39

VIII. OPERÁRIOS FRONTEIRIÇOS
A PARTIR DO QUINTO EVANGELHO 43

IX.	SEMPRE SE ADAPTANDO	47
X.	O OFÍCIO DO SILÊNCIO	51
XI.	ESPIRITUALIDADE DO AGORA	55
XII.	CONFIAR EM DEUS E EM SUAS CRIATURAS	59
XIII.	SEGUINDO A BÚSSOLA DO CORAÇÃO	63
XIV.	O DESAFIO DA INCULTURAÇÃO	67
XV.	AMIGOS NO SENHOR	71
XVI.	ENGAJAMENTO PELA FÉ E PELA JUSTIÇA	75
XVII.	ESCOLA DO DESEJO	79
XVIII.	O CONVENTO É A RUA	83
XIX.	COMPANHEIROS DE JESUS	87
XX.	ANTES A FAVOR QUE CONTRA	91

DEDICATÓRIA

…Penso em ti como o simples servidor, o erudito que sabia o que não sabia e deseja sempre aprender. O sonhador repleto de projetos e desejos, o homem inacabado e tranquilo com as próprias imperfeições, sem teatros de hipocrisia ou voz clerical impostada. Apreciavas a luz da razão, mas apenas como instrumento para aclarar os tesouros que descobriste. Eras o menino com uma lanterna na mão…, mas a luz dos teus passos, essa outra pequena luz que não mostra todo o caminho, apenas ilumina cada nova pegada, era mesmo a palavra de Deus em tua vida…

Trecho da *Carta de despedida*
ao amigo Johan Konings
PADRE ÁLVARO PIMENTEL, SJ

Em sua bela carta de despedida, padre Álvaro usa palavras que de algum modo evocam a pena do grande compositor mineiro Fernando Brant. São expressões que captam de maneira singela e comovente aspectos importantes da vida do querido amigo padre Johan Konings, falecido em 21 de maio de 2022.

Por essa razão elas abrem esta dedicatória, que deseja fazer jus à memória de padre Konings e, ao mesmo tempo, agradecer a Deus pelo dom da vida desse membro da Companhia de Jesus que, como poucos, soube viver os ideais propostos pela espiritualidade inaciana.

Dedicamos a ele este livro, sua última tradução, ou melhor, a enésima tarefa que a editora lhe atribuiu ao longo destes trinta anos de parceria fecunda.

O texto, que aqui é apresentado aos leitores, foi traduzido por ele diretamente dos originais em neerlandês. Por essa tarefa, desempenhada com sua habitual dedicação e rigor, ele muito nos agradeceu.

Como ele mesmo disse em mais de uma ocasião: "Esse livrinho é muito bom! Às vezes a gente aprende mais com uma narrativa bem-humorada como essa, do que com textos muito especializados...".

De fato, a tônica deste volume da coleção *Nas pegadas do Peregrino* é o bom humor que, sem dúvida alguma, é uma das notas mais características da personalidade poliédrica do próprio padre Konings — que foi biblista renomado, tradutor, professor, pesquisador, pastor.

Entretanto, quem o conheceu sabe bem que, para além de toda a erudição do exegeta, ele tinha uma personalidade jovial, sempre com um sorriso no rosto e com uma palavra acolhedora. Aliás, como bom discípulo de São João, padre Konings soube ser "uma voz" cativante nos vários "desertos" por onde passou (cf. Jo 3,23).

Dele se pode dizer que, com sua obra e vida, encarnou aquilo que bem expressam os versos do já mencionado compositor mineiro: "Longe, longe, ouço essa voz... Que o tempo não vai levar...".

Louvando a Deus pelo dom de sua vida, agradecemos a padre Konings pela amizade, pela dedicação e... por sua voz, que continuará a falar ainda por muito tempo em suas obras e publicações.

OS EDITORES

PREFÁCIO

Este livro é ao mesmo tempo engraçado e sério, cuja linguagem — clara e divertida — conta como os jesuítas vivem, rezam e trabalham. É uma excelente introdução à espiritualidade deles. Nikolaas Sintobin, ele mesmo jesuíta, combina a boa informação com uma agradável arte narrativa. E esta desliza como um trem. Você aprende muita coisa sobre Inácio e os primeiros jesuítas, e também a respeito dos jesuítas de hoje. Em vinte pequenos capítulos, trata dos elementos essenciais da espiritualidade inaciana. Por exemplo: a vida em meio a tensões, a união íntima com Deus, a formação para a Liberdade e o engajamento social, a obediência jesuítica, o acompanhamento de jovens e adultos, entre outros temas. Foi nessa espiritualidade que se formou o Papa Francisco. Talvez dê para reconhecer alguma coisa...

Na atualidade, o autor se dedica à pastoral da internet. Durante vários anos, foi professor em Paris e em Antuérpia. É acompanhante dos *Exercícios Espirituais* e tem experiência de diversas comunidades jesuíticas.

Cada capítulo começa com uma anedota jesuítica. O autor tira do tesouro do humor religioso coisas antigas e novas. Talvez seja uma qualidade dos jesuítas a capacidade de rir de si mesmo. Muitas vezes, o humor consiste em ampliar determinado aspecto da vida das pessoas a tal ponto que chegue a suscitar um sorriso. O humor, porém, nunca fere. E, além disso, é importante para uma vida espiritual sadia, como se lê no conhecido *Dictionnaire de Spiritualité* publicado pelos jesuítas franceses. Assim, Nikolaas Sintobin encontra-se em boa companhia!

Leia com gosto estas anedotas jesuíticas e não as leve demasiadamente a sério...

MARK ROTSAERT, SJ

INTRODUÇÃO

Quem são os jesuítas? Quem são esses religiosos-sacerdotes que no fim do século XVIII foram suspensos pelo Papa, mas que, duzentos e cinquenta anos depois, veriam eleito Papa um dentre eles?

Há muito tempo, piadas a respeito de sacerdotes e religiosos são assunto comum, inclusive sobre jesuítas. Eles são comparados com os franciscanos, os dominicanos e outros. Não, porém, numa visão de concorrência — esse tempo passou. Embora sendo jesuíta, o Papa Francisco adotou o nome do fundador dos franciscanos. Nestas páginas, você encontra umas vinte piadas sobre os jesuítas. E é para rir mesmo, mas também para descobrir o que está por trás delas. Todo o humor verdadeiro toca de maneira sutil o núcleo do mistério de como as pessoas vivem e trabalham. O humor incentiva o pensamento.

Muitas vezes, as pinturas representam Santo Inácio de Loyola (1491-1556) como um homem ascético, voluntarista e frio. Asceta ele era, voluntarista também. No entanto, os testemunhos de quem o conheceu de perto fornecem uma descrição mais matizada de sua personalidade. Luís Gonçalves da Câmara, SJ, que durante muitos anos conviveu e colaborou com ele, diz o seguinte a respeito dele: "um espanhol de estatura pequena, com uma perna rígida e olhos divertidos". Não lhe faltavam o humor e o rir de si mesmo.

Inácio vivia num período de crise. Como nós hoje. Em meio a muitas tensões, ia à procura do sentido da vida. Essa complexidade — ou, melhor dizendo, esse sentido da nuança —, nós a encontramos também em sua espiritualidade e pedagogia. A tal ponto que "jesuíta" às vezes toma o sentido de "ambíguo" ou até de "hipócrita". O certo é que Inácio não gostava de pensamento do tipo "oito ou oitenta". Seu senso de discernimento o fez gostar de paradoxos. A história de sua vida o levou a buscar Deus no imprevisível das experiências concretas antes que em pensamentos piedosos ou generalizantes. Com isso, Inácio estabeleceu o fundamento de uma tradição espiritual que tanto atrai quanto suscita resistência: imprevisível, contudo dentro da tradição; matizado, porém decidido, confiando em Deus e no esforço humano.

Em vinte capítulos, este livrinho traz à superfície diversos aspectos de como um jesuíta está na vida. Isso, para entender melhor quem são esses *companheiros de Jesus*, e também para que a espiritualidade inaciana ofereça ao leitor sugestões úteis para que ele mesmo construa uma vida de sentido maior.

Não posso deixar de expressar uma palavrinha de agradecimento a Hans Geybels, que me inspirou a ideia de escrever este livrinho.

Muito prazer na leitura!

NIKOLAAS SINTOBIN, SJ

I

ENCONTRAR DEUS EM TODAS AS COISAS

Alguém procura um franciscano e lhe pede que reze uma novena para que ganhe um Lexus num sorteio da loteria.

— O que é um Lexus?

— Um carro de luxo.

— Meu Deus! São Francisco julgaria isso bem contrário ao voto de pobreza. Infelizmente, não posso rezar por tal coisa.

Depois, dirige-se a um dominicano:

— Poderia rezar uma novena para eu ganhar um Lexus?

— O que é um Lexus?

— Um carro de luxo.

— Meu Deus! Santo Tomás de Aquino alerta contra essa paixão por bens mundanos. Infelizmente, não posso rezar por tais coisas.

> No fim, a pessoa consulta um jesuíta e lhe pergunta:
>
> — Por favor, poderia fazer uma novena para eu ganhar um Lexus?
>
> — O que é uma novena?

Inácio de Loyola foi um reformador, inclusive das práticas tradicionais dentro da Igreja católica. Uma das reformas mais visíveis, porém escandalosas em seu tempo, foi a abolição do ofício divino comunitário, rezado em coro. Os jesuítas não deveriam interromper diversas vezes por dia seus afazeres para se encontrarem na capela e rezarem o ofício das horas. No lugar disso, poderiam consultar seu diretor espiritual individualmente para organizar sua vida de oração pessoal. Também se escolheu um traje eclesiástico discreto. Além disso, os jesuítas não vivem em conventos, separados e às vezes longe do mundo. Pelo contrário: vivem na cidade, entre as outras pessoas. Muitas vezes, em casas comuns.

Inácio convida seus companheiros para que encontrem Deus e o sirvam em *todas as coisas*. Com a consequência concreta de que o domínio de ação de seus discípulos pode ser muito variado e inesperado. Muitos jesuítas estão no ensino ou no acompanhamento espiritual; outros trabalham nas prisões, como enfermeiros ou como párocos. Desde o início, porém, houve jesuítas que se aplicaram a ciências exatas como astronomia, matemática, cartografia, e hoje existem jesuítas especializados em ecologia, internet, cinema, ética comercial, *rock and roll*, política internacional etc.

Os jesuítas consideram tarefa essencial tornar visível e conversável a presença de Deus onde for e com quem for, também em âmbitos que não são considerados evidentemente eclesiais. O desafio que permanece nessa atitude é estar no mundo de forma plena e gostar do mundo sem medo, porém sem ser do mundo.

Sendo assim, não é de admirar que nem todos os jesuítas tenham grande familiaridade com as práticas tradicionais de piedade, ou reservem muito tempo para elas, por mais valiosas que sejam.

II

VIVER EM CAMPOS DE TENSÃO

> No fim de uma conversa, uma senhora pergunta ao padre jesuíta:
> — Padre, é verdade que um jesuíta nunca dá uma resposta clara?
> O jesuíta responde:
> — Pois é, sim e não...

Inácio de Loyola vivia num tempo em que pareciam transformar-se todas as referências religiosas, culturais, econômicas e intelectuais. Em poucos decênios, triplicou-se a superfície do mundo conhecido. O conhecimento disponível cresceu de forma exponencial. Começou definitivamente o intercâmbio mundial de pessoas e bens. E, quanto à mundivisão, com a Reforma e a Contrarreforma chegou ao fim um tempo multissecular de certeza e de relativo descanso. Iniciou-se um tempo de mudança e de incerteza. De maneira progressiva, desenvolveu-se uma mentalidade em que tudo parecia novo e possível. Inácio nasceu numa época que mostrava muita semelhança com a nossa cultura atual.

A espiritualidade de Inácio pode ser considerada um manual para pessoas que procuram seu caminho numa cultura em contínua mudança. Essa cultura era marcada, como ainda a de hoje é, por diversos campos de tensão nos quais é preciso viver e se mover de forma incessante. Não se pode sonhar em terminar com isso de uma vez para sempre. Isso não seria possível, nem desejável. Pode-se pensar, isto sim, em colocar-se resolutamente no meio dessas tensões e se deixar tocar por elas. Assim, é possível procurar sempre de novo um equilíbrio matizado e variável.

Nós, humanos, de maneira espontânea desejamos respostas simples e claras, preto no branco: *sim ou não, para que se saiba como estão as coisas*. Afirmamos: "Pode dizer o que pensa sem rodeios, não precisa usar luvas de pelica". Nisso, a tradição jesuítica vai contra a corrente. Convida a sempre examinar as diversas e muitas vezes aparentemente contraditórias facetas de determinada problemática e a levá-las em consideração na busca de uma resposta.

Assim, Inácio sugere a seus companheiros que nas discussões não examinem apenas os argumentos em favor da própria posição, mas também os contrários. E lembra que talvez amanhã você terá de colaborar com aquele que hoje você teve de frustrar. Daí o seguinte conselho: "Quando você é solicitado para alguma coisa e acha melhor não aceitar, procure de toda maneira continuar em amizade com o solicitante".

Concordo: de vez em quando isso pode ser cansativo. E também às vezes pode dar a impressão – e não sem razão – de que o jesuíta se esconde por trás de um mundo de sutilezas, faltando-lhe coragem para resolver a questão sem rodeios.

No entanto, a experiência não ensina que o mútuo acordo, bem refletido, é a solução do sábio, e não a do covarde? E que respostas simples demais antes aprisionam que libertam? E que uma resposta aberta cria espaço e confiança para que cresça algo novo e possa desenvolver-se a criatividade?

III
OUSAR CONFIAR

Um franciscano e um jesuíta eram bons amigos. Ambos eram fumantes e tinham dificuldade para ficar orando durante um tempo maior sem fumar. Por isso, decidiram pedir a seus respetivos superiores a permissão de fumar durante a oração.

Quando se reencontraram, o franciscano tinha a cara abatida.

— Perguntei a meu superior se podia fumar enquanto rezava, e ele disse que não.

O jesuíta deu uma risada:

— Eu perguntei se podia rezar enquanto fumava, e ele respondeu: "Mas é claro que pode!".

Inácio era exigente com seus companheiros, especialmente para com os que lhe eram mais caros e nos quais tinha as maiores esperanças. Isso era, de fato, porque tinha grande confiança nas pessoas. Não diz a Bíblia que o ser humano é criado à imagem de ninguém menos que Deus?

Na parte introdutória de seu famoso livrinho *Exercícios Espirituais*, Inácio aconselha o seguinte:

> Para maior ajuda e progresso de quem dá os Exercícios Espirituais e de quem os recebe, convém pressupor que cada bom cristão antes deve estar disposto a compreender a opinião de seu próximo do que a condenar.

Muitas vezes, os jesuítas são criticados por causa de sua visão muito otimista do ser humano. Sua inclinação é conceder antes mais do que menos liberdade pessoal e responsabilidade. Em caso de dúvida, antes darão mais uma chance do que a negarão. A seguinte frase de Inácio atesta isso:

> Evite condenar a ação de quem quer que seja. Pense na intenção de seu próximo. Esta é, muitas vezes, honesta e inocente, mesmo se sua ação, vista de fora, parece má.

Isso explica por que Inácio era tão sensível à boa fama de seus companheiros. Pedro de Ribadeneira, SJ, que foi o primeiro biógrafo de Inácio e durante muitos anos e o seu companheiro de casa, escreve:

> Ele cuidava da boa fama de todos os seus súditos com o maior zelo, e isso de duas maneiras:
>
> Em primeiro lugar, sempre falava deles de modo positivo e mostrava estima para cada um deles. Não revelava os erros de nenhum, a não ser que uma necessidade imperativa o obrigasse a invocar conselho para afastar o mal. E, mesmo nesse caso, *não* tratava o assunto com duas pessoas se bastava conversar com uma só. E se bastava consultar duas pessoas, não procurava uma terceira. Sem nenhum exagero, expunha então o que acontecera.
>
> Em segundo lugar, castigava severamente os que caluniavam seus companheiros ou que por seus comentários davam oportunida-

des para que surgisse julgamento não tão bom sobre eles. Assim, um velhinho bom e santo teve de aplicar durante três salmos a disciplina, porque fora de casa contara que determinado padre em delírio dizia coisas doidas.

Naturalmente, é possível abusar dessa confiança, podendo até mesmo levar ao fracasso. No entanto, quem não ousa correr riscos é melhor que nem saia da cama. Nada faz crescer tanto um jovem em autoconfiança e sentimento de valor próprio quanto a confiança que é dada a ele. Você cresce ainda mais na verdadeira liberdade se lhe for dada a oportunidade de aprender livremente, e, portanto, de assumir uma responsabilidade. Faz parte dessa experiência bater a cara contra o muro. Claro, é preciso levar em conta a idade e a força de cada um. De toda maneira, porém, quanto mais cedo se começa com isso, melhor.

A confiança no outro exige que se leve a sério seu desejo mais profundo. Inácio tinha experimentado que em seu coração orante podia encontrar a Deus mesmo. Por isso, convidava seus confrades para que lhe falassem com total abertura de seu desejo mais profundo. E o levava em consideração o mais que podia.

O conselho de Inácio que anteriormente citamos convida a escutar o outro de verdade. O que ele ou ela quer expressar, ainda que de modo desajeitado? Sabemos: não há perguntas estúpidas, apenas respostas… Escutar as pessoas que nos são confiadas é sempre um desafio animador.

IV
LIBERDADE NA OBEDIÊNCIA

Um jesuíta participava de uma conferência sobre o voto religioso de obediência. Perguntaram:

— Sua ordem dá muita importância à obediência. O que vocês fazem para ter certeza de que os jesuítas são fiéis a esse voto?

Ele respondeu:

— É simples. Nossos superiores perguntam primeiro o que gostaríamos de fazer, depois nos confiam isso como missão. Assim, nunca temos problemas com a obediência.

Um participante do congresso perguntou então ao jesuíta:

— Mas não acontece que alguns não sabem o que querem?

— Pois é — diz o jesuíta —, a esses nomeamos superiores.

A obediência é altamente estimada na tradição da Companhia de Jesus. Não é em vão que se diz: quanto mais obediente, mais livre. Este voto religioso se refere, em primeiro lugar, à obediência à vocação pessoal, àquilo a que Deus mesmo convida você. Na vida do jesuíta, o superior ocupa um lugar importante na vivência dessa obediência. Tanto o superior da comunidade local quanto os dos níveis acima.

Os jesuítas têm a tradição da abertura da consciência (*ratio conscientiae*). Uma vez por ano, o superior provincial visita a comunidade local para conversar com cada membro da comunidade. Mais exatamente, para escutar cada companheiro, enquanto este, em toda a confiança, lhe abre sua consciência, isto é, sua experiência mais profunda, suas intuições, sua alegria e dor, esperança, seu desejo ou angústia. Mais do que dever, isso é um direito. Você *pode* abrir seu ser mais profundo para um companheiro, sem ser julgado ou avaliado.

Não é por acaso que esse mesmo superior provincial é responsável pelo trabalho de cada um dos jesuítas de sua província. Na medida do possível, baseando-se na *ratio conscientiae*, confiará uma missão em continuidade com esse desejo pessoal, ponderando o que o companheiro é capaz de assumir e o que não é. Nem sempre isso será possível. Algumas missões têm de ser executadas de toda maneira. A obediência pode cortar na carne, mas também liberta. A experiência mostra que você é capaz de fazer por obediência coisas que antes tinha a impressão de que não venceria com as próprias forças. Isso se chama *graça de estado*.

Se há uma virtude em que o jesuíta deve brilhar, pensava Inácio, é a obediência. Contudo, a obediência jesuítica não é simplesmente cega. Existe o direito de *representação*. O jesuíta tem o direito e, mais que isso, o dever de comunicar a seu superior quando, em consciência, não concorda com ele e de lhe explicar por quê. Se for o caso, pode repetir uma segunda ou terceira vez, mas a última palavra cabe ao superior.

Numa comunidade de jesuítas, o superior ocupa visivelmente um lugar central. Ao mesmo tempo, ser superior é em primeiro lugar um serviço humilde. Isso pode significar que você coloque seu apostolado em certa medida entre parênteses para possibilitar que os companheiros cresçam na própria vocação e missão. A princípio, o mandado do superior se restringe a seis anos. Depois disso, recebe uma nova missão, como qualquer jesuíta.

Por fim, vale a pena mencionar que Inácio tinha altas expectativas quanto à obediência. Exatamente por isso, a tratava com muita prudência. Assim testemunha o já mencionado Luís Gonçalves da Câmara a seu respeito:

> Nosso pai tem o costume de não recorrer à obediência para tudo que se pode alcançar com suavidade sem intervenção da obediência. Antes, pelo contrário: se pode conseguir que alguém faça algo porque ele escolhe, e não porque percebeu que seu superior o instiga para isso, de longe ele prefere que isso aconteça. E quando alguém faz alguma coisa porque percebeu a preferência (do superior), porém sem que seja obrigado, isso agrada mais a Inácio que dar-lhe uma ordem; do mesmo modo, pelo mesmo motivo quando a coisa é mandada sem que se apele para a obediência.

V
O DISCERNIMENTO DOS ESPÍRITOS

Há três coisas que nem Deus sabe:
1. O número de congregações religiosas femininas;
2. O dinheiro que os franciscanos escondem;
3. O que os jesuítas realmente pensam e o que vão empreender a seguir.

A espiritualidade jesuíta não é uma doutrina. Pouco ou nada tem a ver com conhecimentos, e menos ainda com segredos. Os jesuítas não procedem segundo um programa fixado de antemão. Eles têm um modo próprio de agir — seu *modo de proceder* —, método que descrevem como *discernimento dos espíritos*.

Ainda no leito de enfermo, Iñigo de Loyola, como Inácio então se chamava, tinha percebido que Deus se dava a conhecer a ele através de moções em seu coração a rezar.

Progressivamente, aprendeu a discernir como o Espírito lhe falava por meio da alternância de alegria e tristeza, paz e inquietude. E também como podia inscrever essas intuições em sua vida por meio de escolhas concretas.

Uma das grandes contribuições de Inácio para a comunidade cristã tem sido a elaboração de um método sistemático para o discernimento dos Espíritos — para refinar esse discernimento e, na medida do possível, sistematizá-lo. Até hoje, para os jesuítas, esse discernimento orante do desejo de Deus é a base de suas escolhas fundamentais e de suas decisões.

No entanto, a vontade de Deus e seu desejo são fundamentalmente imprevisíveis. Por isso, convém manter uma abertura interior e ficar disponível para aquilo que o espírito solicita, mesmo se às vezes for desconfortável. Nós, humanos, gostamos de ter certeza e de manejar nossa vida. Gostamos de saber de antemão o que nos espera.

Em 2008, os jesuítas se reuniram em Roma para escolher o 29º sucessor de Inácio. Como de costume, isso se dava mediante um processo de diversos dias de jejum e discernimento orante. Quando se retiraram para o isolamento, os delegados recusaram que se lhes entregasse uma lista de possíveis candidatos. Tal lista tinha sido redigida pelo então Padre geral cessante, Peter-Hans Kolvenbach, SJ, na base de nomes fornecidos pelos representantes dos diversos continentes. Os delegados queriam discernir sem preconceito e em toda a liberdade, para assim receber a eleição de Deus mesmo, numa dinâmica de discernimento comunitário.

Inácio, companheiro de Jesus por excelência, munido de uma inimaginável confiança em Deus, era um mestre de discernimento. Tornara-se para ele uma segunda natureza. Embora já não muito novo, estava disposto a tomar o tempo necessário. Entre sua conversão e a fundação definitiva da Companhia de Jesus passaram-se vinte anos, durante os quais Inácio, juntamente com seus companheiros, passo a passo ficou discernindo para que Deus o estava convidando. Jerônimo de Nadal, SJ, seu confidente e porta-voz, assim descreve essa atitude:

> Inácio seguia o Espírito sem ultrapassá-lo; assim, foi conduzido suavemente para o desconhecido, e passo a passo abria-se para ele o caminho que ele seguia com douta ignorância, com o coração voltado para Cristo.

VI
EXPERIMENTAR E DESCOBRIR PESSOALMENTE

> Um estudante pergunta a um jesuíta se é verdade que um jesuíta sempre responde por meio de outra pergunta.
>
> O jesuíta fita o jovem e pergunta: "Que está querendo dizer?".

Quem já esteve diante de uma aula o sabe. Tornou-se uma regra de base para a psicoterapia. A aprendizagem e o crescimento não o podem dispensar. Pais atentos o sabem muito bem. Inácio, pedagogo nato, o aplicou em pleno século XVI: o que você mesmo aprende, descobre, podendo-o expressar ou realizar pessoalmente, ainda que com pouco jeito e muita dificuldade... Isso tem um impacto muito mais profundo do que aquilo que lhe é oferecido por outra pessoa numa bandeja de ouro, como coisa acabada com muito brilho e apresentação.

Durante sua formação prolongada, os jesuítas podem adquirir muito conhecimento, e isso é uma força. No entanto, contém um perigo. Pouco mérito há em poder superar, para não dizer esmagar, um outro, jovem ou velho, com o que se sabe ou se é capaz de fazer. Colocar-se a si mesmo no centro da atenção não traz muito proveito, menos ainda quando se trata de formar ou acompanhar a outros.

Tratar com pessoas que lhe são confiadas no ensino ou no acompanhamento torna-se apaixonante quando você se dispõe a colocar o outro no centro e também aprender alguma coisa dele ou dela. Desse modo, ela ou ele recebe a chance de crescer pessoalmente em palavra e ação. Só se aprende a patinar melhor e mais veloz quando se tem suficientes oportunidades para se arriscar sobre o lago congelado. Então é que se experimenta a satisfação de firmar-se sobre as próprias pernas. Por força do cair e do levantar-se. E, é claro, tendo bom acompanhamento.

Esse modo de proceder pode suscitar questionamento e mesmo resistência, em especial no próprio destinatário da formação. Decerto, a curto prazo respostas claras dão maior satisfação a jovens curiosos. Àquele que se apresenta para conversar dá um sentimento de segurança se recebe todo tipo de bom conselho e esclarecimento daquilo que acontece no coração e na alma. Contudo, os jesuítas, especialmente no quadro do acompanhamento espiritual, muitas vezes economizarão as palavras. Pois o desafio é que a outra pessoa assuma ela mesma a própria vida.

Da parte do educador ou do acompanhante, esse retirar-se consciente e estratégico exige contínua atenção, bem como competência e delicadeza. E também: humildade, negação de si, paciência. Pois muitas vezes você simplesmente sabe melhor; poderia resolver o problema de modo muito mais rápido e eficiente. No entanto, se você quer permitir que o outro cresça, tem de estar disposto a se tornar menor, a calar-se e abrir espaço de maneira consciente. O resultado final será que ambas as partes saem do processo enriquecidas.

Dito de outra maneira: na tradição inaciana, ensino e acompanhamento não são em primeiro lugar transmissão de conhecimento, por mais importante que isso seja. A transmissão de conhecimento é antes um meio para formar a personalidade dos jovens. Ainda que seja desejável que o ensinante seja especialista naquilo que ensina, estritamente falando não é necessário.

Essa atitude de respeito fundamental deve ser mais estrita ainda em se tratando de opção (de vida). Neste caso, será maior ainda a reticência respeitosa do jesuíta acompanhante. Decerto se existe uma relação de confiança, muitas vezes a pessoa acompanhada será inclinada a dar demasiada importância ao sentir do acompanhante. No entanto, a experiência ensina que só se pode ser fiel à escolha ou opção se ela for feita pela própria pessoa, em toda liberdade. Mais precisamente, na medida em que, ao fazer a opção, você escutou aquela voz mais profunda que fala no desejo do próprio coração e que vem de Deus mesmo. Por isso, Inácio aconselha a quem como acompanhante dá os *Exercícios Espirituais*:

> Quem dá os *Exercícios Espirituais* não deve inclinar para um ou outro lado, mas ficar no meio como o ponteiro da balança. Deve deixar o Criador agir em contato direto com sua criatura, e a criatura, em contato direto com seu Criador e Senhor.

> POR FAVOR...
> VOCÊS JÁ SABEM A
> QUE ESCOLA VÃO
> MANDAR O MENINO?

VII
NO CAMINHO DA EXCELÊNCIA

> Um jesuíta, um franciscano e um dominicano estavam se gabando da fama de suas respectivas ordens religiosas. De repente lhes surgiu uma aparição da Sagrada Família mostrando Jesus no presépio e Maria e José a orar.
>
> O franciscano caiu rosto por terra, assoberbado pela admiração ao ver Deus que nasce nessa pobreza.
>
> O dominicano cai de joelhos para adorar essa incomparável apresentação da Trindade e da Sagrada Família.
>
> O jesuíta avança na direção de José e lhe diz: "Ora, vocês já pensaram para que escola vão mandar o menino quando crescer?".

Quando em 1539 Inácio de Loyola fundou com seus companheiros a Companhia de Jesus, nem se pensava em colégios de jesuítas. Seu ideal era que os jesuítas fossem, como os apóstolos, peregrinos a andar pelo mundo. Coisa que dificilmente combina com a vida sedentária de um professor. No entanto, mesmo assim, quando ele morreu havia umas cinquenta escolas. Também naquele momento os tempos mudavam rápido. Hoje, existem no mundo uns quatro mil institutos de ensino ligados à Companhia de Jesus. Os jesuítas têm algo a ver com educação e formação. E isso se explica com base em sua espiritualidade, mais exatamente os *Exercícios Espirituais* de Inácio. Pois estes não são praticados pela pessoa isolada; é desejável que haja acompanhamento.

Poderíamos dizer que a pedagogia inaciana em grande parte nasceu da aplicação da relação de acompanhamento dos *Exercícios Espirituais* à situação de ensino. Isso explica por que há tantos paralelos entre ministrar/dar os *Exercícios Espirituais* e o trabalho de ensino.

Em seu livrinho dos Exercícios, Inácio dá sugestões de como o acompanhante — e, por extensão, também o educador — deve se posicionar em relação a quem faz os Exercícios. Já mencionamos a necessidade de se manter de modo discreto e modesto para dar espaço ao jovem a fim de que ele mesmo possa crescer; e também mencionamos a visão otimista do ser humano e o *a priori* da confiança.

Outra pressuposição de Inácio diz respeito ao caminho de crescimento único para o qual cada um é convidado. É perigoso querer conduzir a todos pelo mesmo caminho, e pior ainda comparar outros consigo mesmo. Educar jovens não é forçá-los a adotar modelos preconcebidos. Não convém que o educador faça escolhas no lugar do educando, muito menos que lhe imponha as próprias experiências de sucesso.

O bom educador acompanha os outros e lhes oferece os meios para que eles mesmos descubram sua vocação na vida: o caminho do desejo mais profundo que Deus coloca no coração de cada um.

Também aqui encontramos, mais uma vez, a visão humana otimista de Inácio. O ser humano pode crescer e aprender a vida toda. Assim, tocamos no tema inaciano da excelência. Esta supõe que você pode se refinar e crescer de forma permanente, se aprende a inserir suas escolhas em seu desejo mais profundo. O potencial da pessoa é quase ilimitado. Isso vala para cada um, independentemente da idade. Vale para o aluno e para o professor, para cada um a seu modo. Para um, isso se dá no campo do esporte ou da arte; para outro, no campo intelectual ou religioso. Ninguém é condenado à mediocridade. Quem vive da fonte desse desejo mais profundo, às vezes, é capaz de superar os limites. E, no sentido inverso, em outros momentos receberá a força de aceitar limites e restrições. Os de si mesmo e os dos outros. Também isso é crescimento.

A excelência autêntica consiste em superar o limite da própria pessoa e em assumir responsabilidade pelo outro. Quando superior-geral dos jesuítas, Pedro Arrupe, SJ, chamava isso de "educar jovens para se tornar pessoas para os outros". A excelência inaciana não consiste, portanto, em prevalecer sobre os outros. Também não é uma licença para modular ou pintar durante a vida inteira a obra-prima da própria pessoa. A excelência autêntica condiz com o descentramento do ego, segundo o modelo de Jesus.

Ser excelente, como o entendia Inácio, só se torna libertador se tem origem no amor. No fim dos Exercícios Espirituais Inácio escreve: "O amor tem de se manifestar mais em ações do que em palavras". E logo em seguida: "O amor consiste na partilha mútua. Quem ama dá e partilha o que tem, ou daquilo que tem ou pode, àquele que ele ama; e inversamente, quem é amado àquele que o ama".

QUATORZE ANOS
DE ESTUDO PARA SER
JESUÍTA?
...MAS NÃO FAZ MAL,
ELE É MEIO LENTO...
?

VIII
OPERÁRIOS FRONTEIRIÇOS A PARTIR DO QUINTO EVANGELHO

Uma mãe foi consultar o pároco e lhe confiou que seu filho queria ser padre. Perguntou o que devia fazer.

O pároco respondeu:

— Se quiser ser padre diocesano, tem de estudar uns oito anos. Se franciscano, uns dez anos. Se jesuíta, quatorze anos.

A mãe escutava atenta. Quando o pároco terminou a explicação, ela tinha os olhos a brilhar e concluiu:

— Deve ser essa última opção, pois ele é bastante lento.

Os jesuítas são conhecidos pela formação demorada. Além dos costumeiros estudos de filosofia e teologia, muitos fazem também estudos profanos. E durante os anos de formação há estágios práticos em diversos setores.

Os jesuítas gostam de trabalhar no coração da Igreja. No entanto, com mais frequência ainda, na fronteira da Igreja, em lugares onde você não esperaria tão logo encontrar um religioso: ciências exatas, arte, mídia, diálogo com quem pensa ou crê de modo diferente...

Para isso, pode ser necessário ter conhecimento especializado. Pois, se quiser ser levado a sério pelos colegas cientistas, deve poder falar de igual a igual. A fé é uma graça e força tremenda, mas também a razão e o saber são dons que a pessoa recebe de Deus. Por isso, é bom e sensato desenvolvê-los bem, utilizá-los segundo as regras da arte. Teresa d'Ávila, contemporânea de Inácio e mística, disse que, caso devesse escolher entre um confessor santo e um douto, escolheria o douto.

A espiritualidade inaciana parte do princípio de que se pode *amar e servir a Deus em todas as coisas*. Nas pegadas de Inácio, os jesuítas, em solidariedade com muitos outros cristãos, tentam ser sensíveis à presença de Deus em todas as coisas. Não só na oração ou na liturgia, mas também em todo tipo de circunstâncias cotidianas. Isso explica por que os jesuítas não receiam o engajamento em ocupações ou mediações amplas e demoradas. Como também nas mais simples. Observe o testemunho de muitos irmãos jesuítas que há séculos vivem sua vocação religiosa em atividades caseiras humildes ou em ocupações meramente profanas, como arquitetura, administração ou pesquisa científica. Eles são a prova viva de que a vida cotidiana pode ser o lugar de encontro com Deus, tanto quanto o presidir a Eucaristia. Nenhuma atividade humana é condenada a ser banal.

Essa maneira de estar na vida toca no cerne da espiritualidade dos jesuítas. Chamam isso com as palavras de Jerônimo de Nadal, SJ, porta-voz itinerante de Inácio: *contemplativos na ação*.

Para isso, Inácio aconselha a leitura orante da vida, denominada também o exame da atenção ou da consciência. Houve tempos em que essa forma tipicamente inaciana de oração era conhecida como exame de consciência.

A leitura orante da vida é bem simples. É uma retrospectiva orante do dia que passou. Em três passos. Começa agradecendo a Deus (*Vos agradeço*) por sua presença ativa na vida: pelo que foi bonito ou tornou você alegre e confiante. Às vezes, coisas grandes. Na maioria das vezes, coisas minúsculas e aparentemente insignificantes. A alegria, sobretudo se duradoura, é o traço por excelência da presença de Deus. Por isso, agradecer é a primeira coisa a se fazer; depois, pode pedir perdão pelos momentos em que errou no dia que passou (perdoai-me). Em geral, experiências — pequenas ou grandes — que deixaram um gostinho amargo provavelmente indicam a ausência ou a exclusão de Deus no dia que passou. E por fim, com base em uma consciência mais lúcida de luz e trevas na sua vida, pode então pedir a Deus forças para o dia de amanhã (*por favor*).

A leitura orante da vida às vezes é chamada de oração do quinto Evangelho: rezar sobre o relato de Deus na própria vida. Pode ocupar cinco minutos antes de dormir, pode também durar uma hora. Pode ser no silêncio da capela, mas também enquanto passeia ou dirige o carro. O fruto sempre será viver de modo mais consciente, mais unido e ligado a Deus.

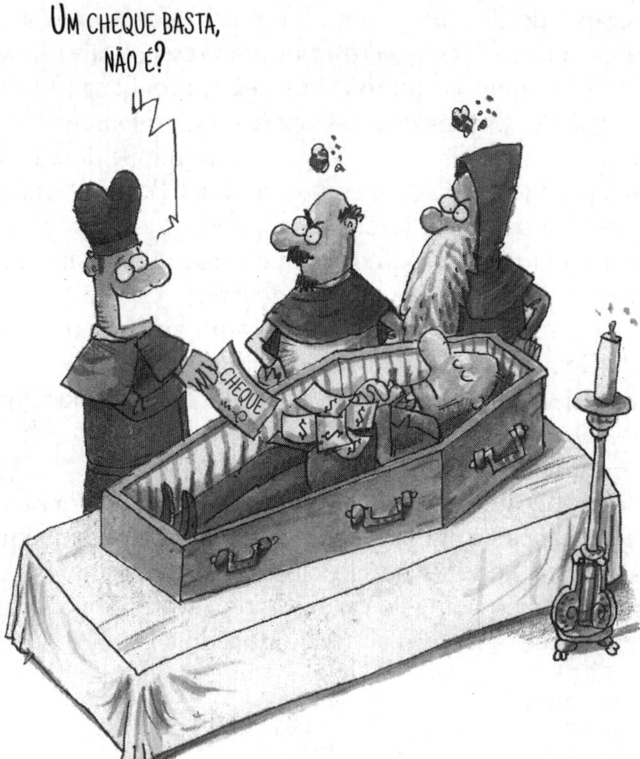
Um cheque basta, não é?
Cheque

IX
SEMPRE SE ADAPTANDO

Alguém tinha três filhos que entraram em três congregações religiosas diferentes. O primeiro tornou-se dominicano, o segundo franciscano e o terceiro jesuíta. No leito de morte o pai diz aos três filhos:

— Sei que todos vocês fizeram voto de pobreza, mas, como sinal de amor por mim, gostaria que cada um de vocês colocasse em meu caixão mil reais para que sejam enterrados comigo.

No dia do enterro, o dominicano se apresenta colocando mil reais no caixão e diz:

— Papai, como não pode levar esse dinheiro, suponho que seja dinheiro perdido. Mas meus superiores me permitiram como sinal de meu amor.

Depois, o franciscano se apresenta ao lado do caixão e diz:

— Papai, sabe que gosto muito de você. Mas a miséria dos pobres aumentou tanto que não posso dar mil reais para descer com você à

> tumba. Agora que está no céu, certamente compreenderá. Por favor, me desculpe.
>
> Por fim chega o jesuíta e diz a seu irmão:
>
> — Sem problema, vou pagar a parte de você. Então pega as cédulas de seu outro irmão e coloca um cheque de três mil reais no caixão...

Inácio podia ser bem estrito. Muitas vezes, como superior-geral, dava instruções detalhadas sobre como agir em casos concretos. No entanto, sabe-se também que seu termo preferido era: *adaptar.*

Regras e acordos claros dão liberdade. Protegem contra a veleidade e o subjetivismo e garantem maior justiça. Porém, sem a disponibilidade para a adaptação é fácil degenerar-se e perder a autenticidade. Ser fiel a prescrições é outra coisa a seguir cegamente à risca. Exige criatividade responsável e maleabilidade. *Todos são iguais perante a lei* pode ser pura violência. Ainda que duas situações pareçam semelhantes, pode ser preciso imaginar soluções diferentes para os dois casos.

Inácio convida a sempre ter diante dos olhos o contexto concreto no qual os fatos se apresentam. Um contexto diferente pode pedir que se imagine uma resposta diferente para problemas que à primeira vista parecem muito semelhantes. Isso está próximo do que os jesuítas chamam de *cura personalis*: a atenção e o cuidado da pessoa concreta.

Pais e educadores o sabem muito bem: o que pode ser valioso para uma das crianças pode ser destrutivo para outra. Amor que sabe discernir exige atenção permanente e coragem criativa.

CAPÍTULO IX.
SEMPRE SE ADAPTANDO

Pedro de Ribadeneira, SJ, primeiro biógrafo oficial de Inácio, conta como o fundador dos jesuítas encarava essas questões:

> Se, para um caso especial, fazia uma exceção, não permitia que alguém se escandalizasse por isso ou que se dissesse que talvez causasse escândalo. Tampouco permitia que outro, que não precisava, solicitasse ou desejasse para si a mesma exceção. Pois achava que seria uma falta de discernimento tratar casos diferentes com a mesma medida. E julgava *ação não* ordenada o fato de solicitar, sem razão, uma exceção que somente por necessidade era concedida a outros.

> Para um superior, seria uma fraqueza, e contrário ao amor, recusar a alguém aquilo de que precisava, por medo de críticas ou protestos ou para prevenir solicitações de pessoas que não precisavam. A norma nesses casos não devia ser a veleidade individual de cada um, mas uma necessidade real, constatada pelo amor inteligente e afável do superior.

PROBLEMA DE BEBIDA?
NÃO É GRAVE...
A VIZINHA TAMBÉM...
E CONHECE O ROGÉRIO?

X
O OFÍCIO DO SILÊNCIO

Durante um retiro de sacerdotes, um acompanhante dos padres presentes propôs que se dividissem em grupos de três. Depois, eram convidados a partilharem seus segredos mais escondidos e sobre os quais nunca falaram com ninguém.

Com muita dificuldade, um dominicano confessou que tinha um problema de alcoolismo. Estava tão envergonhado que nunca falou disso com ninguém. E ficou feliz porque na intimidade desse pequeno grupo podia se livrar disso. Sentiu-se feliz e libertado.

Também o franciscano hesitou. Mas, por fim, disse que puxou a carta da confiança e confessou seu problema: o jogo de azar. Sempre de novo queria apostar e não conseguia mais controlar isso. Tinha profunda vergonha desse costume e ficou feliz porque finalmente pôde partilhar isso na presença de outros sacerdotes.

Chegou a vez do jesuíta. Agradeceu os dois outros por sua abertura e sinceridade. Também ele

> tinha em sua vida algo que lhe causava muita vergonha. Havia anos que tentava resistir, mas não tinha mais o controle. Mesmo hipnose e psicoterapia não ajudavam. Nada podia fazê-lo desistir de sua tendência irresistível à fofoca...

"Quando dizes algo em segredo, faze-o como se te dirigisses ao mundo inteiro." Esta citação de Inácio de Loyola mostra que sabia bem demais que o segredo é coisa rara em nosso mundo humano.

Exatamente esse segredo absoluto, e, portanto, a confiança, está no centro da conversa espiritual ou acompanhamento espiritual, um serviço que pertence às tarefas centrais dos jesuítas. Muitas pessoas os procuram para abrir o coração na busca de uma vida segundo o Evangelho, em especial quando estão diante de uma escolha importante ou em um momento crítico de sua vida.

Preferindo não se apropriar da palavra, no acompanhamento o jesuíta tenta criar um espaço dentro do qual a pessoa possa se expressar com liberdade. Em vez de pescar detalhes sensacionais na vida do outro, o deixa expressar por si mesmo que ressonâncias os acontecimentos da Palavra de Deus suscitam em seu coração na oração.

Tudo isso tem como finalidade que o indivíduo acompanhado cresça para discernir a presença de Deus em sua vida, para que trilhe melhor o caminho que lhe propõe.

Outra expressão famosa de Inácio é que o diabo tem o maior sucesso quando pode fazer seu trabalho em segredo, na obscuridade. Nada é mais libertador do que receber espaço para tornar conversável e aberto à palavra o que era proibido ou impossível de se expressar. E isso, sem ser julgado. Se não, esses pensamentos ou experiências difíceis correm o risco de se alastrar qual câncer às escondidas.

A condição: poder contar com a confiabilidade do acompanhante. O que a ele for confiado ficará em segredo, absolutamente e sem mais, tal qual o segredo da confissão.

BOAS-VINDAS AO CÉU! QUE TAL, GOSTA?
É LINDO, NÉ?
SE TIVESSE PROCURADO OUTRO MÉDICO...

XI
ESPIRITUALIDADE DO AGORA

Um agostiniano, um franciscano e um jesuíta morrem e vão para o céu. A cada um Jesus faz esta pergunta:

— Se pudesse voltar, o que faria de outro jeito em sua vida?

O agostiniano pensa um momento e responde:

— Há tanto pecado no mundo! Se pudesse voltar, tentaria convencer as pessoas a pararem de pecar.

O franciscano pensa e diz:

— Com tanta miséria no mundo! Se pudesse voltar, tentaria convencer as pessoas a repartir seu bem-estar com as outras.

O jesuíta olha para Jesus e logo responde:

— Se pudesse voltar, imediatamente mudaria de médico.

Em sua autobiografia, Inácio de Loyola conta que, ao se aproximar o fim de sua vida, o pensamento da morte o enchia de alegria profunda. A expectativa de em breve estar unido a seu Criador e Senhor fazia-o *derreter em lágrimas*.

Precisamente por isso, Inácio se enamorou da vida. A espiritualidade inaciana nos ensina a encontrar Deus e a servi-lo em todas as coisas e em todas as atividades da vida cotidiana. Isso oferece a possibilidade concreta de experimentar a vida presente como o lugar onde se pode desfrutar a plenitude da vida já agora. Não é preciso esperar até depois da morte para degustar a alegria da presença de Deus.

Conhecedor do ser humano, Inácio alerta contra dois perigos: a saudade do passado e os sonhos do futuro.

Claro, tem sentido olhar para a experiência passada. Você pode encontrar nela traços da presença de Deus. Comumente, esta se manifesta em momentos de força, calma, alegria e confiança. E, à medida que depois você deixa que ela inspire suas escolhas, seu passado pode ser um rico aprendizado. Permite que sua vida de hoje esteja mais unida com o caminho de vida que Deus mesmo lhe mostra. No entanto, você pode também se atolar em seu passado e projetar sempre de novo o mesmo filme diante de seus olhos. Pouco importa se isso é inspirado pela saudade ou pela maldade, o resultado pode ser o mesmo: você permite ser afastado do único tempo que existe na realidade: o hoje.

Inácio não queria que os noviços, os candidatos à Companhia de Jesus, já hoje ouvissem o que deveriam fazer amanhã. Isso só pode desviar a atenção do grande desafio que se coloca diante de cada um: viver plenamente o agora. Claro, um bom pai ou mãe de família deve em devido tempo preparar o futuro, mas também nisso pode acontecer que as pessoas encham seu dia com ilusões acerca de um futuro que não existe, à custa da vida verdadeira aqui e agora.

São João Berchmans († 1621), jovem jesuíta flamengo morto precocemente, o tinha entendido muito bem. Enquanto jogava bilhar, perguntaram-lhe o que faria se lhe comunicassem que teria poucos minutos para viver. Respondeu: *Continuaria jogando bilhar.*

?
ACHO FANTÁSTICO QUE VOCÊS PODEM APRENDER A JOGAR GOLFE...
...MAS NÃO PODERIA SER DE NOITE?

XII
CONFIAR EM DEUS E EM SUAS CRIATURAS

Um franciscano, um dominicano e um jesuíta vão jogar golfe. O jogo avançava bem, até que precisaram esperar um grupinho de jogadores que, à frente deles, jogavam extremamente devagar e não permitiam que outros passassem na frente. Um pouco irritados, os três foram ter com o responsável do grupinho e perguntaram o que estava se passando. Este lhes explicou que estava ensinando cegos a jogar golfe. Cada cego jogava em par com um jogador que enxergava e que o orientava para cada tacada.

O franciscano ficou emocionado pelo engajamento dessas pessoas. Pediu desculpa por sua impaciência e prometeu se inspirar nesse exemplo em sua oração e em seu cuidado dos pobres.

Também o dominicano se emocionou com a iniciativa. Prometeu que mencionaria isso em

> seu sermão e declarou que o exemplo o animava para fazer mais pelas pessoas com dificuldades.
>
> Também o jesuíta se sentiu tocado. Chamou o responsável à parte e o animou a perseverar em seu empenho. Mas deu também uma sugestão: Não seria melhor para todos se vocês jogassem depois do pôr do sol?

Quando em 1539 Inácio, juntamente com seus companheiros, fundou a Companhia de Jesus, tinha concluído um caminho de busca de vinte anos. De ambicioso autocentrado, havia crescido e se tornado humilde buscador de Deus. Com muita queda e reerguimento, descobrira qual era a finalidade de sua vida: procurar e encontrar a Deus em todas as coisas, para poder servi-lo sempre mais. Na palavra e, sobretudo, na ação.

Toca-nos a confiança de Inácio em Deus: "Confia em Deus como se o resultado de teu trabalho dependesse de ti, e não de Deus, e engaja-te assim como se nada será feito por ti, e sim por Deus". Sua confiança em Deus era absoluta. Tão grande como sua consciência da responsabilidade humana para colaborar com o Reino de Deus. Todos os meios legítimos tinham de ser usados para isso: "nada que não seja um mal em si pode ser deixado de lado por medo de possível abuso. Se fizeres isso, estarás excluindo de antemão considerável aumento da glória de Deus".

Pode acontecer que sejam trilhados caminhos novos e surpreendentes. Assim, no século XVII os jesuítas decidiram apresentar teatro em seus colégios. Naquele tempo, a Igreja e as pessoas de bem consideravam o teatro como indecente e decadente.

No entanto, os padres dos colégios tinham se convencido de que as possiblidades educativas do teatro eram suficientes para superar esse tabu. Não hesitaram em usar esse meio para a *humaniora*, o crescimento humano dos jovens que lhes foram confiados. O que não impedia que os jesuítas escolhessem criticamente as peças ou as escrevessem eles mesmos.

A clareza acerca do fim torna livre e criativo na escolha dos meios. Argumentos como *isso ainda nunca fizemos* ou *sempre fizemos assim* têm pouco peso quando se decide pela renovação.

Certo dia, um companheiro perguntou a Inácio, já idoso, o que faria se o Papa decidisse suprimir a Companhia de Jesus, a obra de sua vida. Inácio respondeu sem muita demora: "por quinze minutos, eu iria rezar na capela, pedir a Deus novas graças e começaria com alegria maior outro empreendimento". Tamanhas eram sua liberdade interior, sua confiança em Deus e sua disposição a sempre trilhar caminhos novos. Um meio é e continua sendo um meio, nada mais. Quando parece inadequado ou ultrapassado, você busca outro meio para continuar trabalhando pela difusão do Evangelho.

POR QUE ELE RECEBE UM SORVETE E NÓS NÃO?

ELE É O PRIMEIRO JESUÍTA QUE ENTRA AQUI!

XIII
SEGUINDO A BÚSSOLA DO CORAÇÃO

Um franciscano, um dominicano e um jesuíta morrem no mesmo momento. Os três vão para o céu. O franciscano, acolhido por São Pedro, é convidado para um almoço preparado pelo melhor cozinheiro do céu. E se alegra muito.

Também o dominicano é acolhido por São Pedro, e um destacamento de cozinheiros celestiais lhe prepara uma refeição excelente. Ele fica fora de si de emoção.

No fim, a vez do jesuíta. São Pedro lhe dá as boas-vindas, mas quem vai para a cozinha é o próprio Jesus, que também lhe serve a comida. Os outros dois ficam altamente surpresos e protestam contra o tratamento privilegiado concedido ao jesuíta.

Pedro, porém, explica:

— O céu está cheio de dominicanos e franciscanos, mas este é o primeiro jesuíta que entra aqui.

És vezes, o que vale para Inácio de Loyola serve também para seus seguidores. Os jesuítas têm a fama de serem frios e racionais. Antes voluntaristas que santos.

Contudo, ao ler o *Diário espiritual* de Inácio se percebe que, durante a meditação da manhã e a eucaristia que se seguia, ele muitas vezes ficava assoberbado de lágrimas. Ou ainda: os jesuítas terminam sua formação na *Terceira provação*, um período de oração intensa, estudo e estágios diversos. Na Companhia, isso é comumente chamado a *escola do coração*.

Divisão da personalidade?

A espiritualidade inaciana e sua visão do humano se estendem sobre alguns campos de tensão. Um destes, muito importante, é a relação entre três capacidades humanas importantes: coração, inteligência e vontade.

Inácio era, antes de mais nada, uma pessoa afetiva. Antes de sua conversão teve uma vida amorosa intensa. Gostar de ver e de ser visto eram pontos centrais em sua vida de cavaleiro. Depois de sua conversão, esse desejo de amor continua sem diminuição. Com esta diferença: a vida consagrada a Deus tornou possível ser mais amado e amar mais. Como aprendeu a ser mais sensível ao que se passava em seu coração amante, aprendeu também a viver e a agir mais a partir do amor de Deus.

No próprio processo de crescimento, Inácio descobriu que a razão e o coração não se excluem mutuamente. Sim, que uma inteligência bem formada possibilita escutar de modo mais afinado a voz de Deus no próprio coração e a interpretá-la em seguida. No sécio XVI, assim aprendeu Inácio, era válido aquilo que ainda hoje o é: o estudo e o conhecimento dão acesso a redes e domínios que sem diploma ou atestado arriscam permanecer fechados. No entanto, também lá deve ser anunciado o Evangelho.

A inteligência, o conhecimento e a razão, porém, são de natureza objetiva. São iguais para qualquer pessoa, ainda que um tenha mais que outro. Deus, entretanto, fala mais na subjetividade do coração humano. Este é o lugar prioritário para encontrar o desejo particular do Pai para cada pessoa.

E a vontade? De fato, Inácio tinha uma força de vontade excepcional. Contudo, isso não o transformou numa pessoa rígida ou voluntarista. Até o último dia continuou escutando a voz de Deus no mais profundo do coração e no coração de seus companheiros. Ele procurava interpretar com sua inteligência as moções que percebia ali. Em seguida, sua força de vontade o ajudava a inscrever efetivamente na concretude da vida aquilo que seu coração e sua inteligência lhe tinham ensinado, e também a ser fiel a isso. Neste sentido, a vontade torna ainda mais possível viver a partir do coração.

A experiência de Inácio ensina que o coração, a inteligência e a vontade se completam mutuamente. Pelo menos, se a bússola é o coração.

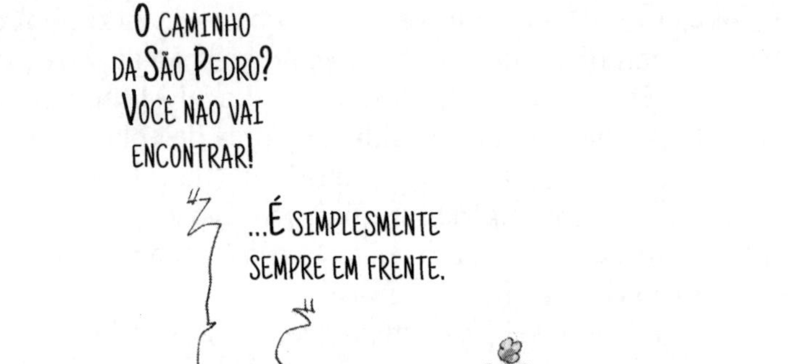
O CAMINHO DA SÃO PEDRO? VOCÊ NÃO VAI ENCONTRAR!
...É SIMPLESMENTE SEMPRE EM FRENTE.

XIV
O DESAFIO DA INCULTURAÇÃO

> Um jesuíta chega a Roma. Quer ir à basílica de São Pedro e pergunta sobre o caminho a um dominicano. O dominicano responde:
>
> — Padre, tenho medo de que o senhor nunca o vá encontrar: é sempre reto.

Espontaneamente, estamos inclinados a pensar que o caminho direto é o mais eficiente. *Por que dar voltas? Apenas se dirija para onde quer chegar e não complique as coisas.*

No entanto, queira ou não, a experiência ensina que em nossa realidade as coisas não são tão simples. O jogador de futebol muito afoito é considerado brutal ou perigoso, quase uma ameaça. Comunicação muito direta pode entrar no ouvido errado e se reverter em anticomunicação. As pessoas não são autômatos pré-programados. É preciso ganhar a confiança e tornar-se íntimo da realidade, para depois prudentemente manter a confiança e trabalhar com ela. Isso exige tempo e espaço. E muita paciência. O mais refinado prato principal vem precedido de um aperitivo e uma entrada.

Quanto ao anúncio do Evangelho, Inácio gostava de dizer que se deve entrar pela porta do outro para depois sair pela própria, a do Evangelho.

Só é possível alcançar o outro se você se dispõe a entrar no próprio mundo, sua linguagem, sua cultura. Importa encontrar as pessoas onde estão e assim como são, seja jovem, seja idoso. Ao querer forçar a passagem corre-se o risco de sair frustrado. Caso não se adapte previamente à maneira de viver do indivíduo ou do grupo que quer alcançar, grande é o perigo de voltar para casa sem ter conseguido nada.

Por isso, pode ser preciso dar umas voltinhas para chegar ao ponto que se quer. Não por nada os jesuítas produziram e produzem até hoje muitos dicionários. O estudo da linguagem e da cultura é a primeira condição para poder entrar em contato com o outro.

Em 1540 Francisco Xavier, um dos fundadores da Companhia, escreveu a esse respeito a um confrade que tinha permanecido na Índia enquanto ele mesmo rumava para a China:

> As pessoas só escutam de verdade se você consegue falar tão verdadeiramente que toca o mais profundo do coração. Se quer apaixoná-las, é preciso atraí-las até você. [...] Se quiser expressar o que pensam, é preciso conhecê-las, e isso só é possível se participa da vida delas, se as estuda e procura penetrar até no mais profundo delas. Elas são os livros vivos que você precisa ler.

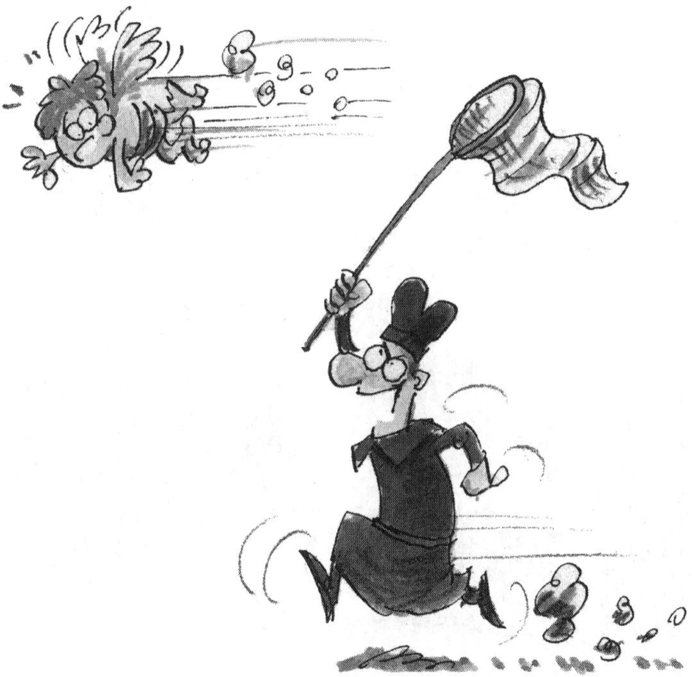

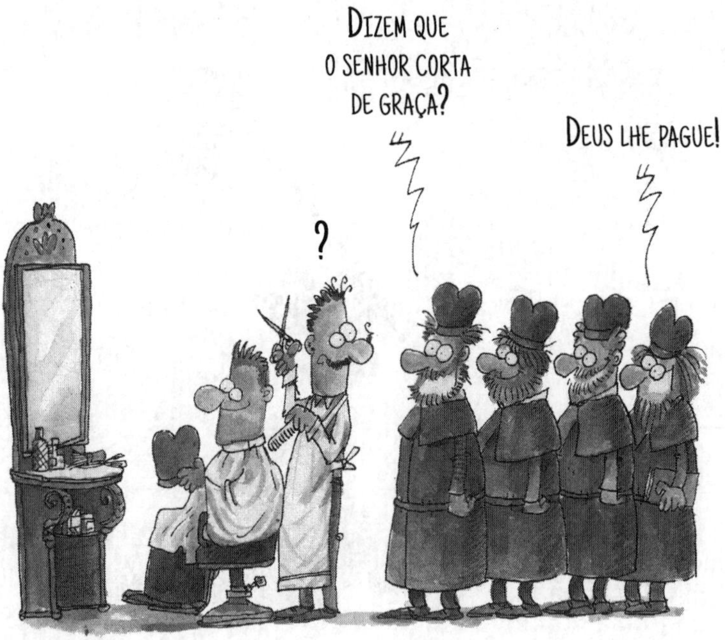
DIZEM QUE O SENHOR CORTA DE GRAÇA?
DEUS LHE PAGUE!
?

XV
AMIGOS NO SENHOR

Um franciscano foi cortar seu cabelo. No fim pergunta quanto deve pagar. O barbeiro responde que nunca cobra dos religiosos. O franciscano agradece e vai para casa. No dia seguinte, o barbeiro encontra um cesto com pão fresco, assado no convento dos franciscanos.

Um agostiniano corta o cabelo com o mesmo barbeiro. Este repete que não cobra de religiosos. No dia seguinte, encontra uma garrafa de vinho delicioso oriunda do porão dos agostinianos.

Um jesuíta vai ao mesmo barbeiro e também recebe a resposta de que religioso não precisa pagar. No dia seguinte, quando abre seu salão, o barbeiro encontra diante da porta uma dúzia de jesuítas...

Às vezes, dizem que os jesuítas são "cavaleiros solitários". Não sem razão. Cada um deles parece seguir o próprio caminho antes de participar da vida comunitária. A pluralidade dos compromissos assumidos pelos jesuítas parece reforçar ainda mais esses traços individualistas.

Será verdade que os jesuítas são locatários de quartos mobiliados? Ou que a casa dos jesuítas é antes um hotel, o centro de sua ausência?

Ao olhar a experiência concreta de Inácio, a imagem recebe outros matizes. Ele se considera como peregrino a caminho, buscando o que Deus deseja dele. O serviço a Deus e a seus filhos e filhas está no primeiro lugar em sua vida. No entanto, por mais apostólico que fosse seu engajamento, ele era também um homem da amizade.

Em sua autobiografia — *O relato do peregrino* —, percebemos como imediatamente depois de sua conversão Inácio sai em busca de companheiros para a caminhada. Doravante buscará saber o que Deus espera dele junto com os companheiros. A decisão de fundar a Companhia de Jesus foi o resultado de um discernimento comunitário, decisão dos dez primeiros companheiros.

Esses dez se autodenominam *amigos no Senhor*. O que os unia era, em primeiro lugar, sua amizade com Jesus. Uma amizade fundamentalmente apostólica. Inácio e Francisco Xavier eram amigos de coração. Contudo, isso não impediu que já em 1540, antes que o Papa tivesse aprovado a Companhia, Inácio enviasse seu amigo do coração para a Índia. Inácio e Xavier nunca mais se reencontrariam. Para ele estava fora de dúvida que eram membros de uma *communitas ad dispersionem*, uma comunidade em vista da dispersão.

Em 1552, quando Xavier morreu, diante da costa da China, tinha sobre o peito um estojo de linha em que se encontravam as assinaturas de nove outros jesuítas da primeira hora. Embora muitas vezes totalmente só, sabia-se unido aos confrades. Desde o começo existiam entre os jesuítas no mundo inteiro muitas formas de comunicação: desde cartas com relatos colhidos da boca de jesuítas-delegados até a conversa íntima com o acompanhante espiritual, o superior ou confrades amigos.

Até o dia de hoje os jesuítas são uma fraternidade mundial de companheiros de Jesus. Por maior que seja sua diversidade, sua espiritualidade comum e sua formação, bem como o laço com Jesus, conduzem à mútua coerência e solidariedade

Há alguns anos cresce entre os jesuítas o desejo de dar a essa amizade com o Senhor uma forma contemporânea. Assim, muitos jesuítas fazem parte de laços transversais em que companheiros de geração dentre diversas comunidades se encontram com regularidade para trocarem suas impressões sobre o que toca seu coração. Torna-se mundialmente mais claro que, na Igreja e na sociedade de hoje, a convivência fraterna por si já faz parte do apostolado dos jesuítas.

O que vale para toda forma de convivência humana, vale também para a vida em comunidade: nem sempre é um mar de rosas. O jovem flamengo São João Berchmans, SJ, era conhecido por sua amabilidade e bom humor. Entretanto, isso não o impediu de confiar a um confrade que sua maior penitência era a vida comunitária cotidiana: *Vita communis est mea maxima paenitentia*. Não se escolhe seus confrades. Ainda bem... A convivência dia após dia com outros varões é uma preciosa escola de caridade. Também e especialmente nos pequenos detalhes da simples convivência.

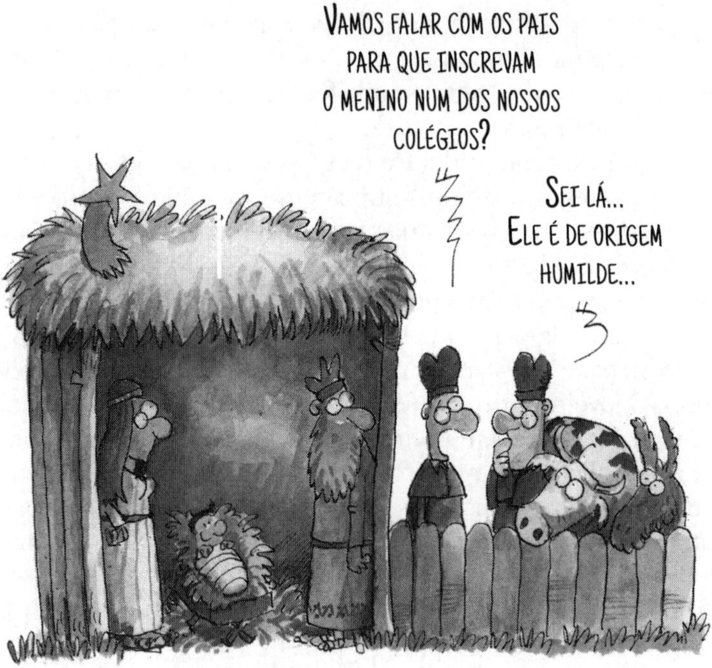
VAMOS FALAR COM OS PAIS PARA QUE INSCREVAM O MENINO NUM DOS NOSSOS COLÉGIOS?
SEI LÁ... ELE É DE ORIGEM HUMILDE...

XVI
ENGAJAMENTO PELA FÉ E PELA JUSTIÇA

> Junto ao presépio: dois jesuítas, juntamente com o boi e o asno, olham para o menino Jesus. Um dos dois propõe:
>
> — Este menino parece prometer! Não deveríamos falar com os pais para que o inscrevam em um dos nossos colégios?
>
> — Pensei nisso — diz o outro —, mas, cá entre nós: ele é de família muito simples.

Em 1773, o papa Clemente XIV suprimiu a Companhia de Jesus. No mundo inteiro os jesuítas foram expulsos. O então superior-geral acabaria morrendo na prisão. Apenas em 1814 a Companhia foi restaurada. As razões da supressão foram complexas e ambíguas. Decerto a inveja foi uma das causas, sobretudo porque havia jesuítas que operavam como confessores e pregadores nas cortes reais. E nem todos os jesuítas eram tão interiormente livres em relação ao poder e ao glamour.

O próprio Inácio tinha sido acompanhante espiritual e conselheiro de muitos homens e mulheres da classe alta. Ele aconselhava seus companheiros a dedicarem atenção àqueles que têm responsabilidade maior na sociedade. Pois esses são os multiplicadores que tornam possível que determinada obra produza multidão de frutos.

Todavia, o raio de ação de Inácio era mais amplo. Três anos antes da fundação da Companhia, ele voltou por alguns meses à sua região de origem no País Basco, na Espanha. Em vez de se abrigar no castelo da família, foi hospedar-se no hospital público, para grande consternação de sua família. Aí, Inácio dava catequese às crianças da rua e convenceu as autoridades para que organizassem distribuição de alimentos para os pobres. Mais tarde, fundou em Roma a casa Santa Marta, onde antigas prostitutas podiam começar uma vida nova.

Quando os jesuítas começaram a expandir sua rede de colégios, introduziram uma inovação inaudita: o ensino seria gratuito. E isso, enquanto o ensino (pago) era privilégio de uma fina camada superior da sociedade — o que explica por que na França, durante o *Ancien Régime*, uma média de 60% dos alunos nos colégios jesuíticos eram originários da classe trabalhadora.

No decorrer dos séculos, essa sensibilidade social foi conservada, mas nem sempre com a mesma intensidade, nem em todos os lugares. Pedro Arrupe, superior-geral de 1965 até 1983, teve um papel decisivo na nova conscientização da Companhia de Jesus para o engajamento por mais justiça. Sob sua conduta carismática, em 1974 a 32ª Congregação Geral (a mais alta instância dos Companhia de Jesus) declarou: "A missão da Companhia de Jesus hoje é o serviço da fé que inclui como exigência absoluta a promoção da justiça". O mesmo Arrupe lançaria alguns anos depois o *Jesuit Refugee Service*: uma ONG na qual atualmente duzentos jesuítas e uma multidão de colaboradores leigos se empenham pelos refugiados.

Também nos campos tradicionais de trabalho jesuíticos a atenção pela justiça tornou-se um tema firme. Na maioria dos 461 colégios e nos 220 institutos de ensino superior que pelo mundo inteiro estão ligados à Companhia de Jesus os estágios sociais fazem parte do currículo normal dos alunos e estudantes. Na África e na América Meridional, desde a segunda metade do século XX foram fundadas nada menos que três mil novas escolas dos jesuítas que proporcionam ensino de qualidade a crianças desfavorecidas.

Os jesuítas são considerados indivíduos que encontram Deus e o servem em todas as coisas, mas também para que a riqueza do Evangelho possa ser sempre mais experimentada em todas as classes populacionais. Somente à medida que trilham sempre mais o sendeiro da fé, e também da justiça, eles são fiéis à inspiração de seu fundador.

SÃO FRANCISCO NOS ENSINOU A SEMPRE ESCOLHER O PEDAÇO MENOR.

POIS É... É O QUE ESTÁ RECEBENDO...

XVII
ESCOLA DO DESEJO

> Um jesuíta e um franciscano sentam-se à mesa juntos. A sobremesa era uma torta dividida em duas metades desiguais, uma sendo bem maior que a outra...
>
> O jesuíta serviu-se primeiro e pegou o pedaço maior.
>
> O franciscano observou:
>
> — São Francisco nos ensinou a sempre tomar a parte menor.
>
> Ao que o jesuíta respondeu:
>
> — Pois é... é essa que você recebeu.

Pedir o que desejo. No início da oração, Inácio convida a expressar sistematicamente o que se deseja, o que vive em seu coração, o que você vive no momento. Não se trata daquilo que você acha que deveria desejar ou sentir, nem daquilo que gostaria de desejar, nem daquilo que outros pensam que deveria estar desejando. Por mais nobre que tudo isso possa parecer, o assunto é o que você deseja de verdade e neste momento, ainda que pareça um tanto estranho. Embora não seja politicamente correto ou que por alguma razão você não sinta orgulho do que está sentindo.

Parece simples, mas não é. Muitas vezes, mal e mal se sabe o que se deseja. Ou, por mil razões, não se quer confessar nem para si mesmo o que se passa no coração.

Contudo, o amor de Deus só pode tocar você em plenitude e transformá-lo, caso se disponha a se oferecer a ele e se abrir a ele assim como você é. Se, por não importa qual razão, você se apresenta de outro modo, entrega uma imagem falsificada. O crescimento pessoal exige conhecimento de si, sinceridade e humildade.

Pedir é difícil ainda por outra razão. Você não pode propor o pedido e a resposta juntos. Em outras palavras: pedir de verdade exige que você sacrifique uma parte de sua autonomia. Que você se ponha em atitude de dependência e se confie à imprevisível Providência de Deus. De fato, pedir supõe que você aceite que um outro dê a resposta. E mesmo se esse outro é Deus, abrir mão de si mesmo pode nos custar muito, pois gostamos de manter o controle.

Inácio convida você à liberdade interior: confiar que as indicações que recebe na oração, talvez muito diferentes do que você esperava, possam ser um caminho de vida. A oração de petição não é uma oração infantil de crianças ou de velhinhas.

Às vezes você não sente nada. Não percebe nenhum desejo em seu coração. Só apatia e vazio. Isso significa que nesse momento não pode orar? Exatamente quando mais precisa da presença e do apoio de Deus? Inácio aplica aqui um matiz sutil: pode acontecer que não esteja desejando de verdade, mas então pode haver um desejo de desejar. Pois bem, diz Inácio, o desejo de desejar já é um desejo. Seu ponto de partida só pode ser o lugar em que você se encontra. O desejo de desejar, por mais frágil que seja, pode ser o ponto de partida para reencontrar o contato com o fluxo da vida.

Uma citação de Inácio pode ilustrar isso. Ele encoraja a pessoa a ousar se confiar a Deus, não obstante tudo.

> Poucas pessoas tomam consciência daquilo que Deus pode fazer com elas se a ele se confiam e se deixam modelar por sua graça. Um grosso tronco de árvore não acreditaria que pode se tornar uma imagem considerada uma maravilha de artesanato. Não se submeteria ao formão do escultor que com sua visão genial imagina o que pode fazer daquele tronco. Muitas pessoas que conhecemos mal e mal vivem como cristãos. Não entendem que se tornariam santas se permitissem que a graça de Deus as modelasse, e se não atravessassem seus planos resistindo ao que ele quer fazer.

NÃO NOS DEIXAMOS EMBOTELHAR...

XVIII
O CONVENTO É A RUA

> Um beneditino, um trapista e um jesuíta degustavam juntos uma boa refeição acompanhada de bebida adequada. Na hora da sobremesa, cada um citava uma característica de sua ordem que lhe inspirava gratidão.
>
> — Nós temos Bénédictine [licor] — diz o beneditino.
>
> — Nós temos Trappisten [cerveja] — diz o trapista.
>
> — Nós não nos deixamos embotelhar — diz o jesuíta.

Percebe-se na Igreja católica uma grande diversidade de formas de vida religiosa, cada qual com seu carisma próprio.

Os beneditinos são conhecidos por sua tradição litúrgica multissecular. São religiosos contemplativos ligados a uma abadia. *Ora et labora*, "reza e trabalha" é o que São Bento lhes prescreve.

Põem o acento na pobreza e na vida comunitária. E enquanto os beneditinos têm uma sólida tradição intelectual, os trapistas preferem a ascese e o trabalho manual.

Os jesuítas são religiosos ativos ou apostólicos. Seu convento é a rua. Mudam-se regularmente. Até de um país para outro, sobretudo no tempo de formação. Você não entra nos jesuítas de Flandres ou do Chile, mas numa família do tamanho do mundo: uma fraternidade de dezoito mil homens que vivem em alguns milhares de comunidades espalhadas por 127 países.

De vez em quando os jesuítas são associados ao ensino. Contudo, apenas um de cada cinco jesuítas trabalha no ensino. Se os jesuítas têm a fama de serem intelectuais, muito mais os dominicanos. E se você deseja uma vida litúrgica ricamente elaborada, melhor não se tornar jesuíta. A cultura litúrgica dos jesuítas é sóbria em geral, para não dizer outra coisa.

Em sua regra fundamental, Inácio proibiu que se mudassem as prescrições referentes à pobreza. A não ser para torná-las mais severas. Isso concerne em primeiro lugar à vida pessoal do jesuíta que, como é costume na vida religiosa, não pode ter patrimônio pessoal e deve entregar todos os seus rendimentos à comunidade. Já no que concerne às obras, desde o começo os jesuítas não receiam usar os meios mais modernos e atualizados. O que era a imprensa no século XVI, hoje é a mídia, os meios de comunicação. O Reino de Deus merece isso.

Pode-se dizer que os jesuítas não têm uma verdadeira especialidade apostólica. Nas Constituições — a regra fundamental — Inácio escreveu que a Companhia de Jesus foi fundada para *ajudar as almas*. Concretamente isso significa que os jesuítas desejam estar à disposição para trabalhar onde as necessidades da Igreja e da sociedade são mais urgentes. Dependendo do tempo e do lugar, isso pode orientar para o engajamento no trabalho social, no diálogo ecumênico, no ensino, nas paróquias, na pesquisa científica, no acompanhamento espiritual, no cuidado da saúde, na mídia… Isso explica por que você pode encontrar jesuítas nas atividades e nos lugares mais variados, às vezes surpreendentes.

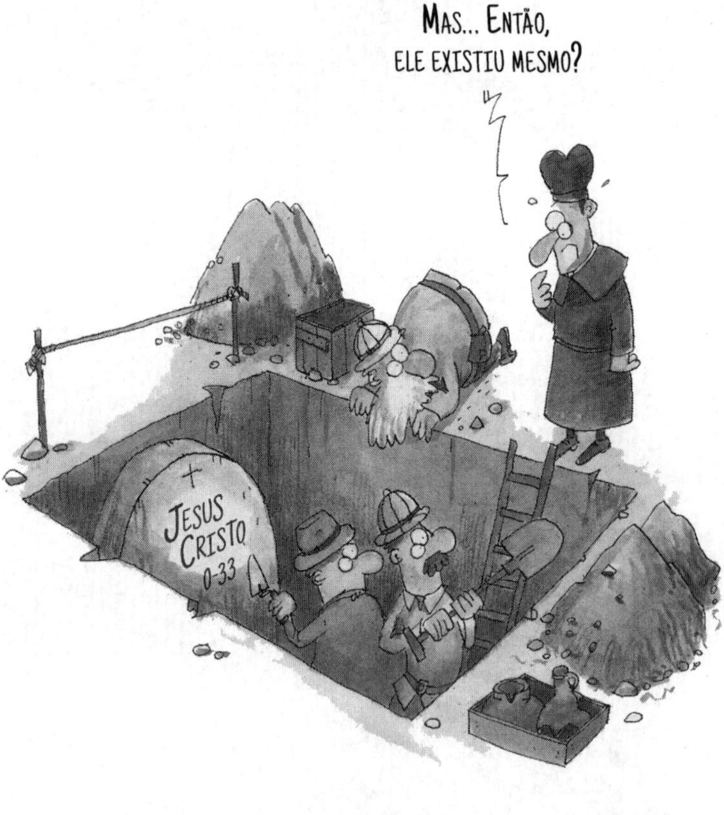
Mas... Então,
ele existiu mesmo?
Jesus
Cristo
0-33

XIX
COMPANHEIROS DE JESUS

Um cristão grego-ortodoxo, um protestante e um jesuíta realizam juntos pesquisa arqueológica em Jerusalém. Ao escavar topam com uma lápide funerária com a inscrição: "Aqui jaz Jesus de Nazaré. Ele pretendeu ser o Rei dos Judeus e foi executado durante a festa da Páscoa sob Pôncio Pilatos".

Extasiados por causa da descoberta, abrem o túmulo e ficam mudos de admiração, pois veem na cova um corpo crucificado.

— Meu Deus — diz o grego-ortodoxo —, a Igreja e todo o bem que ela faz têm um erro na base!

— Meu Deus — diz o protestante —, a Bíblia que guiou toda a minha vida se torna uma mentira!

— Meu Deus — diz o jesuíta —, Jesus existiu mesmo?

A maioria das pessoas concorda que os jesuítas têm inclinação a serem críticos. Paradoxalmente, a forte tradição da obediência faz que haja muito espaço para a criatividade e liberdade pessoal. Muitos jesuítas não receiam ser avessos e defender o que lhes toca no coração, mesmo se seu ponto de vista não parece combinar com o que se espera.

A experiência dos *Exercícios Espirituais* de Inácio tem algo a ver com isso. Durante sua formação, os jesuítas se retiram duas vezes por trinta dias para percorrer inteiramente o itinerário dos *Exercícios Espirituais*: trinta dias de oração pessoal em silêncio, separados do mundo e com acompanhamento pessoal. Também é costume os jesuítas dedicarem oito dias ao ano para fazer os *Exercícios Espirituais*. Às vezes, esses Exercícios são meditações que Inácio mesmo elaborou. Em geral, convidam a orar com passagens da Escritura, segundo uma ordem e método que Inácio passo a passo experimentou pessoalmente e aperfeiçoou. Tão estrito quanto maleável e adaptável.

A forma de oração dos *Exercícios Espirituais* é uma escola permanente que ensina a pessoa a levar a sério sua experiência de Deus. Pelo fato de valorizar muito a retrospectiva sobre a experiência pessoal da oração e do discernimento que a acompanha, os Exercícios podem levar a grande criatividade e audácia apostólica. Isso vale para os jesuítas, mas também para os milhares de homens e mulheres pelo mundo inteiro que todo ano fazem os *Exercícios Espirituais* nas formas mais variadas.

A Companhia de Jesus é também uma ordem sacerdotal profundamente radicada na Igreja. Muitos jesuítas fazem um voto especial de obediência ao Papa quanto à missão. Em última instância, é o Papa, o chefe da Igreja católica, quem dá as orientações básicas para a obra dos jesuítas. Os jesuítas trabalham direta ou indiretamente a serviço da Igreja. Quanto mais você gosta de alguém, tanto mais pode ser crítico em relação a ele. Isso se aplica também à atitude dos jesuítas em relação à Igreja.

No entanto, há uma coisa na Companhia que está fora de discussão, por mais que os jesuítas possam se diferenciar. Quando os primeiros companheiros procuravam um nome para seu grupo, parecia-lhes evidente que tomariam o nome de *Jesus*. Assim nasceu a Companhia de Jesus. De fato, a experiência dos *Exercícios Espirituais* está fortemente centrada na pessoa de Jesus. Na oração silenciosa contempla-se durante muito tempo a vida de Jesus: desde a anunciação a Maria, passando pela vida escondida e pela vida pública de Jesus e por sua paixão, até a ressurreição. Inácio sempre convida a pessoa orante a colocar-se diante do Senhor vivente e a discernir para que está sendo tocada ou convocada. Cada qual de modo único. Uma vida inteira.

O nome de Jesus se encontra no termo jesuíta. Um jesuíta escreve atrás de seu nome *SJ*, ou *Societatis Jesu* — da Companhia de Jesus. Cada jesuíta é um *socius Jesu*, um companheiro, um amigo de Jesus. Exatamente por serem amigos de Jesus, os jesuítas se tornam amigos uns dos outros. A amizade com e em Jesus vivo constitui o fundamento e o cimento insubstituível da Companhia de Jesus.

Nós fomos fundados para combater os protestantes...
Anglicanos
Calvinistas
Luteranos
E nós, para combater os cátaros...
Já encontrou um alguma vez?

XX
ANTES A FAVOR QUE CONTRA

O que há de comum entre a ordem dos dominicanos e a dos jesuítas? E em que são diferentes?

Ambas foram fundadas por um espanhol: a dos dominicanos por São Domingos, e a dos jesuítas por Santo Inácio de Loyola.

Ambas foram fundadas para combater os hereges: a dos dominicanos, os cátaros, e a dos jesuítas, os protestantes.

Qual é então a diferença entre jesuítas e dominicanos?

— Você já encontrou alguma vez um cátaro?

Inácio faz uma afirmação forte em relação aos *Exercícios Espirituais*: eles tornam possível que *o próprio Criador e Senhor se comunique* à *pessoa que o ama, e que ele a abraça de modo que ela possa amá-lo e louvá-lo*. Em outros termos: Inácio afirma que o método de oração por ele desenvolvido pode conduzir a uma experiência direta de Deus. Quem fez os Exercícios poderá estimar o que se quer dizer com isso.

Na Espanha e na França da primeira metade do século XVI, essa afirmação facilmente suscitava suspeitas. O protestantismo em rápida expansão questionava o papel mediador da Igreja como instância intermediária entre Deus e o ser humano. Alguém que pretende que você mesmo pode experimentar Deus de forma direta não será um "iluminado" ou um protestante?

Diversas vezes Inácio teve de se apresentar à Inquisição e chegou a ser aprisionado. Mais: às vezes, ele mesmo se apresentava voluntariamente à Inquisição, pois queria viver e operar dentro da tradição da Igreja. Cada vez ele mesmo e suas obras, como os *Exercícios Espirituais*, foram expressamente livrados da acusação de heresia. Uma vez que naquele tempo os dominicanos tinham muita influência na Inquisição, suspeita-se que devia haver algum atrito entre as duas ordens. Hoje as relações são excelentes. Prova disso é que na morte do superior-geral dos jesuítas o mestre geral dos dominicanos preside as exéquias e vice-versa.

Do mesmo período sobrou ainda outro mal-entendido. A Contrarreforma não se dirigia em primeiro lugar contra os protestantes. Antes de mais nada, era um movimento de reforma dentro da própria Igreja católica, dirigido para dentro. Assim, os jesuítas não nasceram como organização para combater os protestantes. A Companhia de Jesus não foi fundada contra algo ou alguém, mas para se empenhar a favor de Deus e sua gente. Isso está em continuidade com o otimismo e o *a priori* confiante de Inácio. Tem muito mais sentido empenhar-se a favor de uma causa que contra alguma coisa. É muito mais fecundo deixar sua atividade inspirar-se por aquilo que dá força e alegria do que por aquilo que causa angústia, dor ou tristeza.

O que vale da relação com os dominicanos vale também da relação com os protestantes. Os jesuítas colaboram em muitos lugares e em estruturas diversas com os protestantes, seus irmãos e irmãs na fé. Aliás, muitos protestantes fazem os *Exercícios Espirituais*.

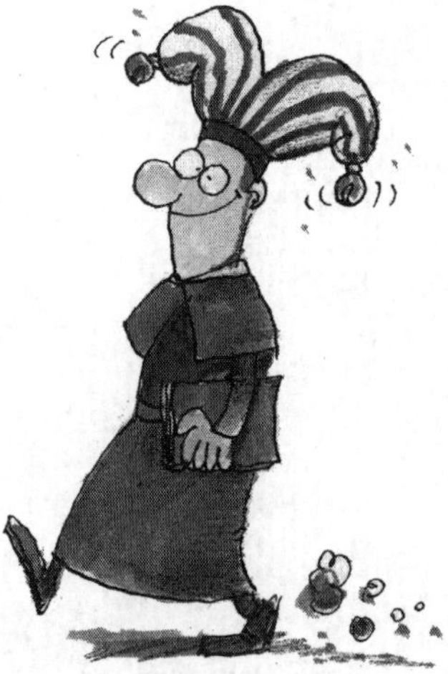

Edições Loyola

editoração impressão acabamento

Rua 1822 nº 341 – Ipiranga
04216-000 São Paulo, SP
T 55 11 3385 8500/8501, 2063 4275
www.loyola.com.br